LETTRES
A PROPOS DU PLÉBISCITE

I

Nous allons donc avoir un nouvel appel au peuple?

Mais avant d'aller déposer vos bulletins de vote, dix minutes d'attention, s'il vous plaît, pendant cinq à six jours; l'affaire en vaut la peine.

D'ABORD QUELQUES RENSEIGNEMENTS UTILES.

Premier Plébiscite napoléonien et ses conséquences.

Il y a de cela 70 ans, l'un des six grands généraux de la première République, le plus ambitieux, profitant des circonstances et aidé par quelques hommes et quelques soldats, chassa les députés du temps, le Conseil des Cinq-Cents, se fit maître, puis après appela le peuple à couvrir le tout de son approbation.

C'était un fort grand capitaine que le nouveau souverain, il gagna beaucoup de batailles; mais en fin de compte, après avoir détruit de ses mains, en partie l'œuvre à laquelle les hommes de la grande révolution avaient tout sacrifié, après avoir fait périr à la guerre un million des plus beaux et braves enfants de la France, il nous laissa aux mains d'un million d'ennemis qui nous enlevèrent la Savoie et le Rhin, démantelèrent nos frontières, se firent payer mille millions, et des années durant s'assirent en vainqueurs sous nos toits, à notre table et à notre foyer.

Et il fallut reprendre nos vieux tyrans, et il fallut encore après prier à genoux nos terribles hôtes, les Cosaques et autres, de vouloir bien enfin rentrer chez eux.

Quant à l'auteur de ces désastres et malheurs, pour n'avoir pas voulu se faire enterrer avec ses conscrits-enfants et sa vieille garde sur le champ de mort de Waterloo, il s'éteignit sur un rocher, un peu à la manière d'une vieille grande coquette, reléguée dans la plus misérable de ses terres. Et son fils que l'on a appelé, je ne sais trop pourquoi, Napoléon II, mourut tristement archiduc d'Autriche.

L'un des neveux, Louis-Napoléon, fils de Louis Bonaparte et de Hortense Beauharnais, et notre maître présent, passa son enfance et sa jeunesse en exil, se produisant un peu partout, même en France où il tenta, à titre de prétendant au trône, les étranges expéditions de Boulogne et de Strasbourg dont la dernière le conduisit au fort de Ham.

Comment il se fit ensuite Napoléon III, empereur des Français, et comment après dix-huit ans de règne absolu, il a été amené à essayer pour la troisième fois du Plébiscite.

De sa prison le prince Louis-Napoléon parla au peuple socialisme et démocratisme tout comme les démocrates et les socialistes les plus hardis du temps, ce qui lui valut, après la révolution de 1848, le droit de rentrer en France, lequel droit le mit à même de se faire nommer président de la République pour quatre ans.

Et il n'y avait alors de plus dévoué républicain que lui, suivant ses proclamations, va sans dire.

Cependant comme après son élection, il s'occupa mieux de sa fortune propre que de celle du peuple et de la France, le parti démocrate témoigna hautement le désir de le voir retomber simple citoyen ou député, à l'expiration de son mandat.

Mais tel n'était pas le moins du monde l'avis du prince président. Se rappelant donc l'exemple de son oncle, il joua à peu près, en décembre 1851, le coup de brumaire, aidé aussi par quelques aventuriers, quelques soldats et quelques policiers

Les représentants du peuple les plus énergiques, surpris dans leurs lits, furent emprisonnés, exilés, et encore une fois deux plébiscites après coup, servirent à blanchir et compléter l'usurpation consommée la nuit, par la violence et la trahison.

Précisément à cet instant, la création des petites routes, des chemins de fer, l'application aux établissements industriels et commerciaux des principes économiques et l'introduction des machines dans les ateliers, commençant à porter leurs fruits, les affaires un instant arrêtées par le fait de l'agitation de l'Europe et de la lutte des partis politiques, prirent un essor extraordinaire. Et il n'était jusqu'aux campagnes qui ne prospérassent, parce que leurs habitants, grâce à l'amélioration des chemins, pouvaient enfin sortir de chez eux et vendre tous leurs produits.

Et la masse, dans son ignorance des choses, croyant de bonne foi devoir cette prospérité au nouveau maître qui fit son possible pour la confimer dans cette erreur, laissa celui-ci disposer absolument de tout à sa guise et applaudit par avance, des deux mains, à ses moindres faits et gestes.

Et ainsi, durant quelques années, le Français au comble du contentement, absorbé par le gain, les jouissances et le travail matériels, n'eut ni le temps, ni la pensée même de sentir ses chaînes et de s'occuper des affaires politiques et sociales, pendant que d'autre part, le gouvernement doublement enivré par la victoire d'hier et la bonne fortune d'aujourd'hui, se livra au dévergondage du caprice, de l'orgueil, de l'ambition et du despotisme.

Une telle conduite ne pouvait manquer de porter bientôt ses mauvais fruits.

Les événements extérieurs aidant, il arriva donc que l'industrie et le commerce lancés à toute vapeur, subirent tout à coup une violente secousse, puis un arrêt. Et le vide s'était fait dans le trésor pendant que le grand-livre grossissait à vue d'œil.

Les rêves riants de s'envoler alors pour faire place à la triste réalité, et et les têtes enfin refroidies, ne tardèrent pas à tourner les yeux et les oreilles du côté de la politique, cause certaine du malaise présent.

L'on commença dès lors à sentir vaguement le poids de la tyrannie et les inconvénients du pouvoir personnel. De là du mécontentement, des plaintes, des demandes de modifications dans la façon de se conduire et d'agir du gouvernement.

Louis-Napoléon, devant ce réveil de l'opinion, dut céder à la fin. Il recula donc quelque peu, le moins possible, rendit publiques les séances de la Chambre du peuple, modifia quelque peu le bâillon imposé à la presse non-napoléonienne et fit grand bruit de ces libéralités (1860).

Cependant l'opposition ne comptant que cinq membres an Corps législatif contre plusieurs centaines de députés dévoués, et les écrivains officiels, officieux, agréables, restant toujours sûrs de l'impunité, sûrs de voir leur zèle grassement rétribué, récompensé, et leurs livres, journaux appuyés, soutenus, favorisés par tous les moyens, tous les privilèges imaginables et par toutes les manœuvres possibles à une autorité despotique, maîtresse absolue, évidemment de telles concessions se trouvaient parfaitement insuffisantes, illusoires, et ne pouvaient certes en elles-mêmes porter préjudice et surtout faire courir le moindre danger à l'ordre, à l'empire et à l'empereur.

Mais Sa Majesté qui a médité Machiavel, l'oracle de la fine et profonde politique, et connaît les petits moyens et procédés (les ficelles) et les nombreuses faiblesses humaines, avec la manière de s'en servir et d'en tirer grand parti, Sa Majesté, dis-je, se serait bien gardée en cette occasion, de ne pas crier sur les toits qu'elle venait d'accorder au peuple français tout un monde de liberté, trop peut-être pour le bonheur et la tranquillité de la France et de l'Europe, comptant bien ainsi couper court à des exigences nouvelles.

Malheureusement si avec un peu d'art l'on peut encore assez facilement

lanterner, amuser, faire prendre patience au peuple et ne lui verser le vin
que goutte à goutte en l'arrosant largement d'eau bénite, il est bien difficile,
quand l'on n'a cesse en même temps de commettre des maladresses et des
prodigalit's à la fois avec entrain et grandeur (cumuls de traitements
énormes, Chine, Mexique, fêtes, bâtisses, etc., etc), de ne pas finir par ruiner,
par mettre le désordre dans les affaires, par forcer les victimes à ouvrir les
yeux, à crier et exiger à nouveau des améliorations et des réformes.

Et c'est précisément ce qui ne tarda pas à se produire en France où le
gouvernement, loin de se rendre plus sage, s'enfonçait de plus en plus dans
ses fautes et ses erreurs.

Toujours fidèle à ses principes et à la vieille manie gouvernementale,
Napoléon III alors se décida encore à faire semblant de lâcher un peu la
bride, et parce que l'on commençait à parler de liberté, il accorda la liberté
de la boulangerie, la liberté de la boucherie, la liberté des théâtres (1861-64),
comptant par ce sacrifice des priviléges et monopoles de quelques particuliers, faire oublier son propre despotisme.

Mais comme le remède n'était pas appliqué là où il se trouvait nécessaire
et que du reste le gouvernement persévéra à se conduire toujours de même,
tout continua de plus bel à aller de mal en pire, si bien qu'un beau jour, force
fut bien à l'empereur, devant la nécessité des choses plus encore que devant
les réclamations de l'opinion publique, de toucher à ses prérogatives pour
augmenter les libertés publiques. (19 janvier 1868. — Tribunes et ministres
à portefeuilles rendus à la Chambre, nouvelle loi sur la presse, grèves et
réunions publiques autorisées dans certaines mesures.)

Plus que jamais, comme vous le pensez bien, il tenta de payer ses sujets
de mots et de promesses ; malheureusement la fortune lui avait définitivement tourné le dos et la France, au fait de la valeur des lettres impériales,
fatiguée de son despotisme, de ses atermoiements, effrayée de son propre
isolement et terrifiée par la déplorable situation des finances, donna enfin,
en 1869, expressément mission à ses nouveaux représentants de réclamer
ses droits à elle.

Pour le coup, le maître essaya de l'intimidation, fronça le sourcil, ren-
voya sans cérémonie la Chambre du peuple et chargea sa Chambre à lui, le
Sénat, de fixer la dose homéopathique de liberté qu'il pouvait bien accorder
à ses sujets. Puis un député ayant l'idée de faire appel à la Constitution, il
exhiba l'armée et le chassepot.

Cette comédie toutefois ne fit pas encore merveille, pas plus du reste que
la résurrection du vieil épouvantail : *l'hydre de l'anarchie*, *le spectre rouge*,
opérée vers la même époque, et Napoléon dut se résoudre enfin en janvier
dernier, à essayer du parlementarisme appuyé d'un ministère libéral et des
honnêtes gens, résigné en désespoir de cause, à abdiquer les apparences du
pouvoir personnel pour conserver dans les faits un despotisme parfaitement
intact.

Cette manœuvre très-savante, eut presque du succès dans les commen-
cements, auprès des personnes satisfaites, riches et peu clairvoyantes.

Mais les choses et le mal aujourd'hui, réclament impérieusement plus que
des changements d'hommes, de décors et de forme dans le gouvernement.
Et les concessions promises, il fallut les arracher après, une à une, et encore
ne les obtenait-on que pleines de réticences et bien imparfaites.

De là grand mécontentement, d'un côté, chez les impérialistes et l'empereur, furieux d'avoir été obligés de reculer et ne voulant céder davantage,
et d'autre part, chez les conservateurs libéraux, demandant plus et exaspérés
de la résistance que le pouvoir leur oppose.

Or évidemment, c'est surtout pour clore adroitement et le plus longtemps
la bouche à ces conservateurs libéraux, importuns mais fort à ménager,
parce qu'ils composent la grande classe capable et influente en France et
qu'il les sait, au fond, quelque peu orléanistes, que Napoléon III a cru devoir
recourir aujourd'hui de nouveau à cette bonne et vieille manœuvre napo-
léonienne qui a toujours si bien servi à sa famille : se rendre maître d'abord,
puis composer soi-même une constitution, et après l'avoir fait vite revoir

et corriger par les siens, tout à coup appeler le peuple à répondre au plus tôt *oui*, sans défendre toutefois de dire *non* à quiconque a le courage de son opinion.

Et comme, grâce au soin tout particulier que l'on a toujours eu d'empêcher les Français, surtout les petits, la masse, de trop s'instruire, de trop prendre du cœur, de trop se rendre frères, et d'entendre tous les bruits, tous les sons, toutes les cloches, et d'écouter d'autres gens que les amis, serviteurs et compères des Bonapartes, — le nombre des moutons et des ignorants est resté toujours inconnu, il devient probable que le plébiscite du 8 mai prochain donnera encore une fois apparemment raison à l'empereur.

Mais ce qui est sûr, c'est que les résultats de ce vote vont apprendre à ce dernier ce que ses courtisans et ses yeux semblent lui avoir laissé complétement ignorer, c'est-à-dire que le parti des gens honnêtes, justes et courageux, libres penseurs, républicains, démocrates, socialistes, ce qui est tout un, se trouve le premier parti comme nombre, force, lumière, vertu et énergie.

Et c'est avec ce parti, aujourd'hui universel, que tout depotisme a depuis des années le plus à compter, sans s'en douter peut-être.

Et contre ce parti tous les plébiscites ne peuvent et ne pourront jamais rien sinon que de le servir admirablement dans son œuvre de propagande.

Et contre ce parti toute la police, tous les chassepots du monde viendront se briser dès qu'on le voudra ou mieux dès qu'il le jugera lui-même convenable dans l'intérêt de tout le monde.

II.

Où il est question des dépenses du second empire, des causes et un peu des effets de ces dépenses et encore de plusieurs réformes bonnes même au point de vue de l'économie.

Ne perdons jamais de vue que Napoléon III a, pendant 18 ans, disposé en maître absolu de la France, et qu'il est arrivé au pouvoir dans des circonstances admirables, au beau milieu du développement des sciences, de la grande industrie et des voies de grande et petite communication, magnifique printemps amené par les travaux et les découvertes des philosophes du XVIIIe siècle, des hommes de la grande révolution, des savants et des penseurs de ces dernières années.

Pendant cette partie du règne de Napoléon III, l'Etat, les départements et les communes ont dépensé 72 millards, c'est-à-dire 1,900 francs par français, homme, femme et enfant.

Or si l'on avait par exemple, fait valoir cet argent au fur et à mesure de sa perception, l'on pourrait aujourd'hui donner 18,000 francs par famille de 6 personnes, 18,000 francs le prix au village d'une petite maison entourée de 4 hectares ou 16 journées de bonnes terres.

Ou bien encore, si cet argent avait été employé au fur et à mesure de sa perception, en travaux d'utilité publique à l'intérieur,

— Chaque commune de cent feux ou 600 habitants, posséderait une *école* avec un vaste jardin d'étude, une *mairie* avec bibliothèque et salle de réunion, un *petit hôpital* avec des bains publics, pour un million de *fontaines* et de *bons chemins*; et il lui resterait une *réserve* de 40,000 francs, puisque l'on aurait eu à disposer de un million 140,000 francs;

— Chaque petite ville de 1,000 feux ou 6,000 habitants, avec les 11 millions 400,000 francs formant sa cote-part, aurait pu non seulement se procurer tout le nécessaire, tout le confortable, s'attifer très-proprement, coquettement, mais avec le surplus de l'argent, assurer à tout jamais l'aisance à chacun de ses habitants en créant des ateliers et des établissements de crédit public;

— Chaque grande ville de 60,000 habitants, bien loin d'avoir des dettes et seulement quatre à cinq rues convenables surtout droites, — parfaitement assainie, appropriée, embellie grandement et pourvue de toutes les ressources mêmes artistiques et scientifiques, verrait encore sa banlieue transformée en un immense jardin, égayée de jolies maisons et toute peuplée de gens proprets, polis et sagément actifs. Car enfin avec une grande ville et 114 millions, l'éducation, la science, l'entrain que donne la prospérité venant bientôt en aide, l'on peut en 18 ans, accomplir sinon des merveilles au moins nombre de bonnes choses.

Et donc, en 18 ans, avec toute la France, tous les Français et 72 mille millions ?

Mais il ne faut se conduire, laisser faire comme le gouvernement actuel ; oh, non !

Pour vous en convaincre jetez seulement les yeux autour de vous.

Toujours partout que d'ignorance, que de misère, que de cloaques infects que font encore ressortir les frivolités de clinquant si en honneur aujourd'hui!

Mais aussi nous avons fait la guerre et nous possédons des armées de soldats, de policiers et d'employés de tous genres, des dignitaires, des grands fonctionnaires payés chacun comme cinquante, cent, trois cents, et un Empereur qui nous coûte plus lui seul que les 10,000 instituteurs existants et les 40,000 qui nous manquent.

Et l'on a beau couper un centime en dix quand il s'agit du soldat, pauvre héros au régime du sou de poche et du pain à l'eau grasse, le 15 août excepté. Et l'on a beau ne donner que de 3 à 12 cents francs par an, au petit employé, ce nègre des grands, cette tête de turc, le petit peuple de l'armée et de l'administration comptant par cent mille, ne laisse de coûter plus d'un milliard par an.

Et l'on a beau ne posséder environ qu'un mille de gros bonnets et princes, comme ils se trouvent eux, rétribués impérialement, c'est encore quelques cent millions qu'il faut chaque année prélever improductivement sur le trésor public.

Et l'on a beau ne pas tenter encore une fois de soumettre toute l'Europe à coups de victoires, quand l'on a dépensé 11 milliards dont 3 empruntés, — à détruire un port russe, — à aider puis au grand moment à délaisser l'Italie, — à piller le palais de l'Empereur de Chine pour lui faire bien comprendre le tort qu'il a de fermer ses états à d'honnêtes gens comme les nôtres, — à apprendre aux Druses, aux Cochinchinois qu'il existe sous la calotte des cieux des troupiers français, — enfin à faire pour quelques années un archiduc autrichien empereur du Mexique, il n'y a pas lieu de s'étonner que l'intérieur de la France n'ait pas profité de tout l'argent versé par nous à l'Etat à titre d'impôts, de droits et de contributions.

Il est vrai que nous avons gagné Nice et la Savoie, mais notre exemple a donné la fièvre des annexions à la Prusse qui en abuse aujourd'hui à notre grand dam, en Allemagne.

Il est vrai que nous avons gagné l'amitié du roi d'Italie et la haine des Italiens.

Il est vrai aussi que nous possédons à cette heure, un pays au Sud de la Chine, mais nos colonies négligées se trouvent dans un état rien moins que florissant. Voir, pour plus amples renseignements, ce qui vient d'être dit à la Chambre sur la situation de l'Algérie cependant à notre porte et qui pourrait déjà tant nous être utile.

Il est vrai que nos personnages traitent magnifiquement et mettent vite les leurs à l'abri de la misère jusqu'à la consommation des siècles, mais, franchement, je crois que nous gagnerions à ne leur demander que de gérer sagement nos affaires.

A en juger en effet, par nous, le soin de la chose publique doit absorber tout leur temps et leur activité et dès lors le souci de dépenser beaucoup d'argent en détails d'aparats, d'amusements, ne saurait que les distraire et les fatiguer.

Chef de l'Etat et sa famille.

D'ailleurs, savez-vous combien l'on donne au Président des Etats-Unis d'Amérique, le premier peuple de la terre peut-être pour l'instant ? — 600 mille francs par an. Et cette République est heureuse, prospère au dedans et se voit respectée au dehors, et son chef accomplir ses devoirs avec plaisir, entrain, sagesse et dévouement.

Il est vrai qu'il ne s'agit pas ici d'un prince, maître par droit de naissance ou à vie comme le nôtre qui avec sa famille, nous prend, sans compter la jouissance du domaine de la couronne, 68 millions par an, 100 fois le traitement du chef des Etats-Unis et de sa famille, celle-ci, comme de juste, ne se mettant pas à la charge de l'Etat.

Dignitaires.

Quand aux 30,000 francs attribués annuellement à chaque membre de la chambre de l'Empereur, quand le député du peuple ne reçoit que 10,000 francs, le maximum de traitement du reste, d'un père de famille honnète, quant à la dotation sénatoriale, dis-je, en admettant, ce dont je ne me sens pas sûr le moins du monde, que le Sénat sóit utile, nous ait servi seulement une seule fois en 18 ans, je crois que sans inconvénient aucun, parce qu'il s'agit de personnages pourvus tous par eux-mêmes de larges moyens d'existence, l'on eût pu la réduire à zéro, l'honneur d'être sénateur rétribuant largement ce genre de dignitaires de leurs peines et du reste, les pairs de France sous la royauté, s'étant eux contentés du titre et néanmoins toujours trouvés plus qu'en nombre.

Hauts Fonctionnaires.

Maintenant est-on en peine de trouver des maires? Pourtant les attributions de maire ne donnent pas même droit au quart de place en chemin de fer. Pourquoi donc alors donner par an, des 300, des 100, des 50 mille francs outre des palais tout montés et les mille et mille avantages, immunités, faveurs, pouvoirs, honneurs et privilèges inhérents à ces positions, aux ministres, directeurs, grands commandants, payeurs généraux, prélats, hauts magistrats et préfets, quand avec 10,000 francs l'on pourrait trouver de ces fonctionnaires par milliers, sans autre embarras que le choix et avec grande chance de tomber mieux.

Ils ne seraient, ceux-ci, peut-être pas à *poigne*, disciplinés, *d'une activité dévorante*, mais tant mieux mille fois pour nous, pour la morale, la justice et l'ordre. Car enfin les faits rapportés dans les journaux et dans les comptes rendus de la Chambre et osés, prescrits, conseillés, soufferts par nos fonctionnaires ne vaudraient, hors du domaine de la politique impériale, certes pas à leurs auteurs la décoration d'honneur. — Relisez donc, en regard de la dernière vérification des pouvoirs au Corps législatif, le recueil des jugements de tribunaux correctionnels et de cours d'assises. C'est curieux, instructif et édifiant, donc !

Vous voyez déjà par ce que je viens de vous dire que, sans nuire en rien à la prospérité, à la grandeur de la France et à notre bonheur, le gouvernement eût facilement pu chaque année, économiser 200 millions sur les traitements d'un mille de personnages déjà plus que fortunés, 200 milllions qui auraient épargné bien des larmes, bien des malheurs, bien des misères, conservés bons et utiles des milliers de jeunes gens et sauvé de la mort ou de l'étiolement combien de pauvres enfants?

200 millions par an ! la valeur de 200 montagnes de pain qui sont allées s'engloutir pendant 18 ans dans le ventre, les hôtels et les coffres-forts de mille fortunés, quand 2 millions au moins de Français dépérissaient et mouraient de misère.

Et je ne suis qu'au commencement de la liste des inutiles, faites à nos dépens par le gouvernement impérial.

Voyons en effet, maintenant, les armées et d'abord celle de l'administration.

Armée administrative.

Peu payée. — Oui, les petits, la grande masse qui vit même dans le dénuement quand elle ne trouve d'autres ressources, mais deux fois au moins trop nombreuse.

Pour vous en convaincre perdez un jour à voir fonctionner un bureau puis à fourrer le nez dans les paperasses.

Avec le tiers d'employés et le tiers d'écritures l'on ferait plus de besogne, beaucoup mieux et plus vite. Seulement chaque employé vaut au gouvernement un agent, et l'appui d'une famille et d'un petit cercle de connaissance et d'obligés, chose, ma foi ! précieuse en temps de suffrage universel, de candidatures officielles plus ou moins déguisées, et de plébiscite, donc ?

Mais ce n'est toujours pas là l'affaire de la France, ni la nôtre, ni celle des employés eux-mêmes.

Donc l'on pourrait hardiment réduire le personnel administratif de moitié ce qui aurait l'avantage, non seulement de tirer de galère plusieurs milliers de jeunes gens, de diminuer aussi de quelques milliers le nombre de nos tyranneaux, la quantité d'obstacles que rencontrent maintenant en chemin, nos affaires, mais encore d'èconomiser chaque année pas mal de millions, même après avoir, ce qui est de toute justice, grassement augmenté les appointements tant honteusement maigres des petits employés.

Police.

En supprimant d'autre part la portion non avouable de la police, l'on réduirait de plus de la moitié les dépenses de ce service, et l'on relèverait l'institution qui en a le plus grand besoin pour elle et pour nous.

Armée.

Quant à l'armée, c'est-à-dire 100,000 beaux jeunes gens arrachés chaque année à leurs villages, à leurs métiers pour vivre cinq ans dans la stérilité, partant 100,000 familles pauvres, privées chaque année de leurs soutiens naturels, ou encore 500 mille hommes sans cesse enlevés à la production, à la nature et nourris, entretenus de tout par la France pour, d'ordinaire, rendre les honneurs aux personnages, polir des boutons, user des souliers, partir avec ensemble du pied gauche au son du tambour et jongler à la voix avec un fusil chargé sérieusement ou pour rire, quant à l'armée, dis-je, il y aurait un moyen bien simple, si Napoléon III ne tenait avant tout à posséder des soldats plus impériaux et brutes que nationaux et éclairés, de la rendre à la fois trois fois moins dispendieuse, quatre fois plus nombreuse, infiniment meilleure à tous égards, mille fois plus utile et surtout moins lourde pour les familles pauvres et moins dangereuse pour la France.

Et mon Dieu ! alors l'on ferait du gymnase et l'on apprendrait à marcher, s'attrouper, tirer, manœuvrer avec ordre dans les écoles, ce qui serait un grand bien même au point de vue de l'éducation et de l'organisation du travail, des secours et des fêtes.

Et ainsi plus de jeunes gens inutilisés, éloignés des leurs, plus de casernes, plus cet énorme budget de la guerre.

Et puis au moins, les riches, les grands, les éduqués se coudoyant dans les rangs avec les petits, les pauvres, les ignorants, le soldat ne serait plus négligé, abruti, méprisé, nous n'aurions plus tant à craindre l'entreprise de guerres folles, inutiles et les conséquences parfois terribles des fautes et de l'inhabileté des chefs militaires.

Et pour achever de vous édifier sur la valeur des armées permanentes du système militaire en honneur, voyez ce qu'ont servi ces armées pour défendre la Prusse en 1807, la France en 1814 et 1815 et l'Autriche en 1867, quand le peuple armé en 1792-93 et 94, repoussa l'invasion, conquit sur la coalition de l'Europe, le Rhin et la Savoie en même temps qu'il vainquait Lyon et la Vendée soulevés. Et quelques mois après ce peuple débordait déjà en Allemagne et en Italie.

Aujourd'hui en Suisse tout le monde est soldat, et les Etats-Unis d'Amérique qui ont pour voisin des peuples sauvages, l'Angleterre, etc., qui viennent de subir, à propos de l'esclavage, l'une des plus grandes guerres civiles, ont réduit, comme par le passé, leur armée à quelques mille hommes.

Oui, bien que cette nation considérée se compose d'états différents d'origine, de mœurs, d'organisation, quelques-uns encore insurgés hier, bien qu'il y ait en nombre des hommes de tous les pays, de toutes les couleurs, de toutes les religions, de toutes les opinions, des riches et des pauvres, des ouvriers et des maîtres, bien que l'on y jouisse de toutes les libertés, liberté de presse, de réunion, d'association, de crédit, etc., etc., elle, — la grande République, elle ne croit nullement une armée comme la nôtre nécessaire à sa sécurité, à sa gloire, à sa prospérité, à l'ordre intérieur, et vit tranquille, heureuse, fortunée, payant au plus vite ses dettes.

C'est ce que nous ne pouvons faire, nous, tant s'en faut parce que nous nous trouvons affligés d'une armée énorme qui nous coûte plus d'un million et demi par jour. L'Empereur et les grands jugent en effet, avec le retrait de presque toutes nos libertés, l'existence et l'emploi de cette armée indispensable au maintient de leur ordre à eux, et ont pris l'habitude de répondre aux réclamations des petits, des faibles et des partis, en exhibant le soldat et le Chassepot. (La Ricamarie, — Aubin, — le Creuzot, — Fourchambeau, — Paris, — Marseille, — Saint-Etienne, — Bordeaux, — Nantes, etc.)

Et voilà encore pourquoi malgré les impots énormes et toujours croissants par nous payés à l'Etat depuis 18 ans, Napoléon III a dû augmenter la dette publique de 6 milliards.

Et comme ce prince, grand adorateur de la gloire, a voulu en plus léguer à la postérité son nom écrit en rues-palais, nos villes se sont aussi endettées de 3 milliards après avoir pourtant augmenté au possible les droits d'octroi et autres, toujours à notre charge.

Et nous, les démocrates, les républicains, qui vous dévoilons, racontons, expliquons cela, nous ne pouvons évidemment être aux yeux de Sa Majesté, de LL. Excellences, Eminences et de MM. les Préfets et Maires, que des *fauteurs de désordres*, des *partageux*, puisque nous demandons que ces Messieurs et Messeigneurs nous rendent enfin nos droits usurpés par eux, nous laissent une bonne partie de notre argent qu'ils s'adjugent et dont, du reste, ils n'ont que bien faire, puis prennent enfin aussi leur cote-part des charges, travaux et misères publics.

Ainsi, bons et honnêtes Français de toutes les classes et conditions, comprenez pourquoi les soit disant *partageux* et *fauteurs de désordres* ne sont que des aides, des défenseurs, des amis, des frères en un mot, les plus en avant sur la brèche où il n'y a que des coups à gagner et tout à perdre, sauf la satisfaction du devoir vaillamment rempli.

III

A GRANDS TRAITS L'HISTOIRE DU SECOND EMPIRE.

Quand Louis-Napoléon prit le pouvoir, je l'ai déjà dit et redit, il se préparait, grâce aux découvertes des sciences physiques, chimiques, économiques et sociales, un été splendide.

Il n'y avait qu'à laisser aller tout le monde, tâcher de coordonner un peu les divers mouvements, mais bien se garder d'étouffer complètement la vie politique déjà fort malade depuis l'abdication de la France, puis éviter de surexciter, galvaniser la vie industrielle et commerciale déjà trop prédisposée à la fièvre, et pour le grand jamais vouloir seul tout juger, ordonner, diriger, commander, en empêchant même de parler quiconque n'approuvait, n'applaudissait héroïquement.

Napoléon III tint précisément une conduite opposée, et il arriva qu'en plein printemps, quelques années après le coup d'état et l'empire qui devaient tout sauver, tout se gâtait déjà, et nombre d'orages pointaient à l'horizon.

L'on s'était jeté en masse, aveuglément, des villages dans les villes, des petites industries dans les grandes, alléchés par des profits énormes. Ces profits, comme de juste, avaient suscité aussitôt, puis admirablement servi la concurrence étrangère et contribué, avec la dépopulation des campagnes aggravée par des levées militaires considérables, à élever notablement le prix des aliments indispensables.

De là, à la fois, ralentissement dans les affaires et nécessité pour l'ouvrier de dépenser davantage précisément quand l'ouvrage lui manquait le plus.

Pour remédier, Louis-Napoléon, ne consultant toujours que lui, ne trouve rien de mieux que de pousser au luxe, aux bâtisses et aux plaisirs (orphéons, fêtes, cafés-concerts).

Ce n'était évidemment qu'accroître le mal, les plaisirs, les bâtisses, le luxe, les fêtes n'amenant pas un sou en France, ne faisant pas produire un grain de blé, un brin d'herbe de plus à la terre, causant, chose fort grave, d'énormes gaspillages de temps, de ressources, l'anéantissement de richesses immenses, — les bonnes maisons démolies inutilement par milliers, — et enfin l'énervation des esprits, la corruption des mœurs en plein abaissement des caractères par le fait de plusieurs années de tyrannie.

Il est vrai qu'ainsi, pendant quelques années, les ouvriers allaient trouver de l'occupation à Paris et dans les grandes villes, mais pour se trouver après dans une situation plus précaire qu'auparavant, puisque l'on ne pouvait toujours bâtir, démolir, dépenser extraordinairement, puisque l'Etat, les villes, les particuliers, bientôt appauvris, endettés par ce régime de luxe et de prodigalités, allaient nécessairement se trouver dans la nécessité, se jetant dans l'excès contraire, d'exagérer l'économie, de diminuer les salaires, d'augmenter les impôts et surtout les droits d'octroi qui pèsent avant tout sur les objets de nécessité générales et journalières.

Entre temps, notre maître, toujours dans sa sagesse à lui seul, commettait dans la politique extérieure d'autres fautes non moins préjudiciables à la prospérité publique.

La guerre d'Orient fort glorieuse, entreprise dans le but d'empêcher la la Russie de déborder davantage en Europe et conduite par les généraux de décembre 1851, nous coûta plus d'un milliard et plus de 100,000 de nos bons soldats, et malgré l'Angleterre, notre alliée, se borna à la prise et à la destruction d'un port bientôt relevé tout comme du reste l'influence de la Russie (1855).

En Italie, l'empereur arrêta nos armées à l'instant où allait se jouer la partie décisive de la guerre entreprise dans le but *de rendre ce pays libre jusqu'à l'Adriatique.* (Parole de Napoléon III. 1859.)

La France avait fait un immense effort pour affranchir sa voisine et la rendre ainsi une alliée dévouée. Et cette alliée, de son côté, comptait beaucoup sur les soldats de la France pour vaincre l'empereur d'Autriche, ce tant vieil ennemi commun.

Le tout aboutit inopinément à la surprise de Villafranca. On laissait les Italiens se débrouiller comme ils pourraient avec leurs maîtres autrichiens en les plaçant toutefois sous la présidence honoraire du pape (ce qui n'eut pas lieu). Le Piémont, d'un côté, s'agrandissait de la Lombardie évacuée par l'empereur d'Autriche, et de l'autre, allait perdre Nice et la Savoie cédées à l'empereur des Français.

La France ainsi gagnait quelques cent mille habitants, mais ne s'assurait pas l'amitié d'un peuple voisin qui, relevé par elle, lui eût été et lui serait toujours d'un grand secours.

Et ce fut à propos de la paix de Villafranca, et de Nice et de la Savoie, que Napoléon III mit en faveur le système de la paix armée et des annexions depuis si fatal à l'Europe.

Il crut encore là accomplir des actes de haute habileté et de profonde politique.

Malheureusement c'est M. de Bismarck et la Prusse qui en ont grandement profité et beaucoup contre la France. Et la paix armée, une calamité sourde, depuis des années appauvrit l'Europe, ruine les gouvernements, les condamnant à entretenir des armées et des armements immenses au milieu d'une tranquillité toute vacillante qui ne parvient à rassurer le commerce et l'industrie ainsi à tout instant frappés de marasme.

Et dans l'annexion le monde ne voit encore à juste titre, qu'une conquête déguisée, parce que les populations consultées dans ces occasions, se trouvent tout aussi en état de se prononcer et de décider de leur sort que l'est la France dans les plébiscites impériaux.

Et malgré le luxe, les bâtisses, la gloire cueillie en Crimée et en Italie, comme la prospérité intérieure de l'empire allait toujours décroissant, nous dûmes bientôt essayer aussi des expéditions lointaines.

Ainsi fut entreprise l'expédition de Chine fort bonne en elle-même, pouvant avoir d'énormes conséquences pour notre commerce et notre industrie, mais à la condition de se trouver conduite d'une façon particulière en rapport avec l'état du peuple que nous voulions forcer de se mettre en relation intime avec nous.

Or, l'on fit juste le contraire de ce qui convenait et les résultats furent loin de répondre à notre attente. Nos soldats entrèrent à Pékin, dans le palais de l'empereur, — Fils du Ciel, — mais nos commerçants, non. Et ainsi nous ne récoltâmes à grands frais que quelques feuilles de laurier de plus pour la couronne de nos gloires.

L'expédition de Cochinchine ne réussit que médiocrement et celle de Syrie échoua ou à peu près.

Quant à l'expédition du Mexique, ce fut une mauvaise chose, une vilaine affaire et un désastre à tous les points de vue et dans toute l'acception du mot, et qui porta un coup terrible à l'empire même en France.

Napoléon III, sous prétexte de récupérer quelques millions, avait lancé nos vaisseaux et nos soldats contre le président de la République mexicaine pour tâcher de tirer grand parti de la guerre civile des Etats-Unis tant préjudiciable cependant à notre commerce et à notre industrie, alors plus en souffrance que jamais.

La grande République, pacifiée bientôt, nous somma d'abandonner le Mexique et l'empereur que nous y avions installé. Et pendant que le républicain Juarès vainquait et fusillait l'archiduc Maximilien, elle se mit en relation d'amitié avec la Russie.

Vous le pensez bien, toutes ces guerres lointaines, malheureuses ou infécondes et tant coûteuses, étaient loin d'améliorer la situation en France. Et comme tout le monde y souffrait maintenant, l'on devint moins enthousiaste de l'empire et moins accommodant avec le maitre que l'on trouva par trop malheureux dans ce qu'il entreprenait et faisait seul, pour le laisser toujours disposer absolument de tout en France.

Et de cette époque date surtout la grande guerre commencée contre lui pour l'amener à restreindre son autorité et nous restituer nos libertés.

L'on fermait nos frontières aux bruits étrangers, l'on imposait un bâillon à nos sages et à nos clairvoyants, l'on ne cherchait pas à développer l'instruction et l'éducation même chez les hautes classes, puisque l'enseignement de la philosophie avait été supprimé tout exprès dans les lycées; enfin l'on avait déshabitué le plus possible la France de la vie et des choses politiques.

A l'aide d'un peu d'habileté et en sacrifiant au besoin, morceau par morceau, les apparences, Napoléon III pensa donc facilement arriver à sauvegarder son autorité et conserver ses prérogatives intactes.

Le tout était en effet, selon lui, de gagner du temps, parce qu'avec le temps, ou la bonne fortune reviendrait comme le beau temps après la pluie, ou la France fatiguée, énervée, renoncerait définitivement à réclamer ses droits.

Mais les événements, les Français aidant cette fois, trompèrent encore là ses calculs et son attente (voir la première lettre). Et il eut beau, après avoir cédé un brin de liberté, charger chaque fois la machine gouvernementale toute à sa dévotion de veiller à ce que dans la pratique, les concessions faites devinssent à peu près sans effet, l'excès de zèle de l'administration qui exécuta les ordres avec toute la conscience du gendarme, finit lui-même par tourner contre lui en excitant la réprobation, l'indignation, et faisant mieux sentir le poids et toute l'immoralité du despotisme.

Et c'est ainsi que les poursuites et condamnations pour délits de presse, les candidatures officielles, les manœuvres des autorités pendant les élections, venant en aide, les efforts des journaux libéraux, de l'opposition à la Chambre et des libres penseurs, démocrates et socialistes, surexcités par la persécution et le sentiment des malheurs présents et à venir, finirent par secouer la torpeur de la France qui s'éveilla au bruit des pamphlets et est debout depuis les fusillades de la Ricamarie et d'Aubin et les révélations des mystères de la préfecture de Paris.

L'empereur qui, devant ce mouvement, s'était déjà rapproché du clergé (Mentana 1867), puis avait essayé en vain de l'intimidation (1869), prit enfin le parti de diviser les opposants, les mécontents, en ralliant la bourgeoisie.

Et tel a été le but d'abord du senatus-consulte de septembre 1869, puis de la création du ministère Olivier (janvier 1870).

Mais la bourgeoisie n'est pas satisfaite et Napoléon ne voudrait accorder davantage, et de là, le sénatus-consulte du 16 avril et le publiciste du 8 mai,

— Ah! Messieurs les bourgeois, vous faites les difficiles, vous songez à la famille d'Orléans! Eh bien! je vais, moi, remanier un peu l'ancienne constitution par trop décriée, y ajouter un article qui assure ma succession aux Bonaparte, puis demander au peuple d'approuver le tout. Et vous serez bien forcés de faire contre fortune bon cœur.

IV

LA FRANCE IMPÉRIALE. — LA NOUVELLE CONSTITUTION, LE PLÉBICISTE
AVEC UN PETIT DISCOURS AUX BRAVES GENS.

Or étudions maintenant un peu la manœuvre et ceux qui l'exécutent.

— L'empereur est toujours maître de la France, ne serait-ce que parce qu'il demeure maître de l'administration, de l'armée, de la justice, du clergé, de l'Université, c'est-à-dire du système de gouvernement, d'éducation et de compression. Il tient essentiellement à toujours le rester et à voir son fils recueillir toute sa succession ainsi que l'explique tant bien la nouvelle constitution, et c'est pourquoi l'on appelle aujourd'hui le peuple dans ses comices afin d'approuver.

Et si personne ne le fait, l'empereur sera simplement l'empereur comme ci-devant, c'est-à-dire qu'au lieu de régner avec la constitution 1870, il règnera, c'est expliqué tout au long, avec la constitution 1852 qui est à la première comme françois (prononcez *cais*) est à français; — un adjectif de de plus, *responsables*, à côté du mot ministres, une augmentation dans le nombre de sénateurs et un petit échange entre la chambre de l'empereur et la Chambre du peuple, au détriment, va sans dire, de cette dernière, puisqu'en retour de la moitié de cheval boîteux qu'elle passe au Sénat (le droit de proposer, de discuter et de voter des lois), elle ne reçoit qu'une moitié de cheval de bois (le droit d'accepter et d'examiner aussi les pétitions).

Total : l'empereur ayant le droit de faire appel au peuple, le droit d'initiative pour les lois qu'il promulgue et sanctionne encore, et en plus, le Sénat, jouissant lui-même du droit d'initiative, de discussion et de vote, en fait toujours de lois, je ne vois trop à quoi pourrait bien servir désormais la Chambre du peuple, sinon à nous donner une chance de plus d'être d'rangés, comme le 8 mai prochain, pour un *oui* ou un *non* tout court, parfaitement impuissant dans l'affaire, puisque, grâce à la formule du plébiscite et aux explications données, il signifiera nécessairement *merci*.

— Le Sénat, le favorisé, qui a approuvé avec empressement la nouvelle constitution, tout comme il avait approuvé la libéralité impériale d'août dernier, tout comme du reste, il approuve tout venant du maître, se trouve composé de personnages à 30,000 francs, choisis par l'empereur parmi ses plus comblés, parfaitement sûrs de ne pas plus siéger que l'empire et témoignant en toutes occasions qu'ils tiennent fort à la vie et à leurs moindres attributions. C'est donc là un ami dévoué que cette assemblée, dévouée jusqu'à la mort ou leur intérêt suprême, exclusivement.

— La Chambre du peuple ou soi-disant telle, en réalité élue sous le règne de l'ignorance et de l'autocratisme des préfets et des maires impériaux, se compose à peu près exclusivement de riches industriels, commerçants, propriétaires, financiers ou placés, et presque tous candidats officiels, c'est-à-dire élus par la grâce du pouvoir. Ce qui fait que les quelques républicains et socialistes parvenus à grand'peine à la députation, peuvent bien parler, plus même qu'à leur tour, à la tribune, mais demeurent absolument incapables de produire d'autre effet, l'attention et le silence n'étant pas de rigueur au Palais-Bourbon, et le nombre y prévalant contre tout.

Donc, en résumé, la très-grande masse des Français, c'est-à-dire le petit rentier, le petit propriétaire, le petit industriel, le petit commerçant, l'ouvrier, le petit employé, le soldat, non-seulement n'ont pas un des leurs au Sénat, à l'Assemblée, mais ne peuvent utiliser que de temps à autre le petit nombre des députés qui s'intéressent à eux, quand il plaît à la majorité de ne pas passer à l'ordre du jour, de ne pas ajourner à plusieurs mois, de ne pas prendre des vacances pour débarrasser le pouvoir de toute contrariété.

Passons maintenant au grand souverain, au peuple français. Combien de ses membres savent lire et écrire ? — La moitié.

Et sur ceux qui savent lire et écrire, combien comprennent un peu ce qu'ils lisent ? — Le tiers.

Et sur ceux qui comprennent un peu ce qu'ils lisent, combien ont quelques idées touchant les questions sociales, politiques, économiques, religieuses ?

Et de ces derniers combien se trouvent capables d'apprécier et de juger convenablement ce qui se dit sur ces différentes matières ? — Quelques cents.

Passons à un autre ordre d'idées.

Non-seulement en France, l'on ne connaît pas les choses par défaut de science, d'instruction, mais encore par défaut de renseignements exacts, vrais surtout.

Seul le journal du gouvernement et les journaux agréables peuvent tout dire absolument, et sont envoyés d'office ou imposés de manière à pénétrer partout.

Tandis qu'il n'y a guère plus de deux mois, l'on fermait encore avec zèle la bouche, les frontières et la voie publique à la presse opposante ou simplement désagréable.

Donc il y a lieu de réduire le nombre des gens capables de comprendre et de juger, de la quantité assez notable de personnes qui ne sont pas suffisamment renseignées.

Maintenant pour juger il faut oser le faire.

Or, des hommes qui dépendent du pouvoir comme les soldats, les employés, — ou des soldats, des employés et des fortunés comme le troupeau immense des pauvres hères, — oseront-ils parler, voter autrement par le temps qui court, que le pouvoir ou leur maître ?

Et ce n'est tout. — Pour être en état d'apprécier une chose, encore faut-il le temps et les moyens de l'examiner, la méditer, la discuter et même de la mettre à l'essai.

Or qu'a-t-on fait pour la nouvelle constitution et pour le plébiscite ?

Créée aux Tuileries, soumise et votée (à la hâte) au Sénat, sans passer par le Corps légistatif, la majorité ayant décidé, sur l'invitation d'un ministre, qu'il y avait lieu de prendre des vacances et non de mettre en délibération une proposition de cette importance, la constitution de 1870 a été jetée au peuple avec ordre de décider sans autre explication, au bout de quinze jours, s'il accepte oui ou non.

Et ce qui doit faire loi dans ce vote, ce sera le nombre des *oui* déposés dans l'urne, qu'ils le soient par un employé qui obéit ou par un pauvre villageois surveillé, qui craint et ignore jusque l'existence du mot constitution, on s'imagine peut-être qu'on lui demande s'il veut avoir 1,000 livres de rente, un secours, un bureau de tabac, parce qu'il lit le mot de *libérale* dans la formule du plébiscite.

Ceci posé, voyons la machine.

Le sénatus-consulte ou la nouvelle constitution du 20 avril, qui laisse Napoléon tout aussi maître et effectivement responsable que jadis, pour étaler aux yeux quelques petites concessions anodines, se trouve loin cependant d'accorder ce que désire la bourgeoisie.

Il est donc sûr que celle-ci, quelque peu entachée du reste d'orléanisme, s'en contente pour le moment mais comme un pis-aller et un moyen d'obtenir bientôt davantage à coups de nouvelles demandes et exigences.

Or, c'est précisément pour couper court à cette manœuvre, que Napoléon a jugé convenable de faire accepter la constitution plébiscitairement, certain que non-seulement tous les employés, les soldats, les soumis, les obligés du gouvernement répondront comme un homme, *oui*, mais, — toujours sous les yeux du maître, — feront concurrence de zèle pour imposer le même vote aux leurs, à leurs obligés, leurs soumis, aux peureux, aux ignorants et jusqu'aux innocents, ce qui ne peut manquer, à son estime au moins, de lui assurer un nombre de *oui* plus que suffisant pour pouvoir répondre comme toujours : « Je suis maître au nom de huit millions de Français, — vous l'avez vu il y a 18 ans et reconstaté hier, donc tremblez et obéissez. »

Ces millions de Français, on le sait, ne sont ni les plus intelligents, ni les plus indépendants, ni les plus au fait des événements et des choses, il vous faudra néanmoins courber la tête, bourgeois, tout comme les autres, ou gare ! les soldats de la Ricamarie et d'Aubin, qui ne connaissent que le chef ou la consigne, ou gare ! le petit peuple des huit millions de *oui*, auquel l'empereur peut toujours faire appel et qui répondrait *oui* avec entrain cette fois et en toute connaissance de cause, à nombre de formules plébiscitaires pas précisément à votre avantage.

Ce dit, laissons là les partis et les classes et adressons quelques mots aux honnêtes gens de France, les seuls véritablement dignes d'estime et d'attention.

Je pense que comme moi vous êtes las de voir nos hommes politiques user leur temps, oubliant leur véritable besogne, à se disputer à propos de pouvoir exécutif, législatif, pondérateur, conservateur, d'autorité personnelle, de gouvernement parlementaire, de responsabilité ministérielle, de sénatus-consulte, de constitution et de plébiscite, et que ce qui vous importe avant tout, c'est de voir le plus vite possible éclore le règne de la lumière, de la liberté, de l'égalité, de la fraternité et du travail qui nous mènerait le plus droit à la paix, à la prospérité et à la félicité, fruits du progrès.

En effet, sans éducation l'homme est plus bas et plus malheureux que la bête ; sans liberté il passe sa vie misérablement au fond d'un cachot ; sans égalité les méchants et les habiles font la loi aux bons et aux innocents ; sans fraternité la société reste toujours au fond une troupe de loups prêts à se dévorer l'un l'autre ; enfin, sans travail, la nature nous refuse ses trésors et ses fruits et nous laisse mourir de faim et dénuement.

Et le progrès est la loi naturelle de la vie de l'homme, de la société, de l'humanité, tout comme la plus grande pente est le chemin naturel de l'eau.

Or, est-il question de lumière, de liberté, d'égalité, de fraternité, de travail, de progrès, dans la nouvelle constitution ? Pas plus que dans l'ancienne ; l'on n'y parle que d'empereur, voyez plutôt, toujours que d'empereur maître de ci, maître de là ! maître de tout, sauf de lui-même, de son orgueil, de sa tyrannie, de son ambition. Car enfin, non content de s'adjuger le trône, la machine administrative, la machine de compression, la machine, etc., etc., le droit de grâce, de paix, de guerre, de faire le traités de commerce, de renvoyer la Chambre du peuple, etc., etc. — il donne à perpétuité la France avec les Français à sa famille, se réserve le droit de faire appel au peuple, toujours à la façon de décembre 1851 ou d'avril 1870, et arrête que la constitution ne sera modifiée que lorsqu'il le demandera lui-même.

Remarque. L'article 13 du sénatus-consulte porte bien que l'Empereur est responsable devant le peuple français.

Mais comment ? Il serait bon, urgent même, de le savoir afin que le peuple pût au moins se rabattre, à l'occasion, sur cette dernière fiche de consolation, l'autre, — l'appel, se bornant, on le sait, au droit de dire *merci, oui* ou *merci, non* ; — l'air sans la chanson ou mieux peut-être, — un air et une chanson sur le motif et le libretto de « Va-t-en voir s'ils viennent Jean, etc. »

Laissons donc là le sénatus-consulte et profitons du plébiscite pour, d'un côté, prêcher la vérité, la justice, la vertu et la liberté, et de l'autre, hautement dire par nos bulletins, à l'Europe et à la France : non, mille fois non de tout ce qui n'est pas la vérité, la justice, la vertu et la liberté.

Citoyens, demandons et ne nous lassons de demander nos droits communaux, le droit de reunion et d'association, la liberté du prêche, de la presse et du culte.

Demandons avant tout l'éducation, l'instruction non pas seulement primaire, théorique, mais professionnelle et intégrale.

Et dire que le gouvernement impérial se défend comme un beau diable, quand il s'agit seulement d'instruction primaire, obligatoire! Mais voilà plus de 30 ans que le roi de Prusse, notre voisin, force ses sujets à envoyer leurs enfants à l'école. Et la Prusse a prospéré, et elle a vaincu, abattu l'Autriche à Sadowa. — Il ne suffit pas de perfectionner les armes, il importe d'abord de ren lre meilleur celui-ci qui manœuvre, ajuste.

L'instruction, c'est le plus grand bien qu'il vous soit possible de procurer à vos enfants, le seul que n'atteignent ni les révolutions, ni l s voleurs, ni le feu, ni l'eau, le seul que l'on porte toujours avec soi et que la mort ne nous enlève pas.

Si le pain vous empêche de mourir, l'instruction vous fait vivre. Sans elle pas moyen de goûter la millionnième partie des jouissances que l'on peut trouver en ce monde. Sans elle pas ou presque pas de progrès, c'est-à-dire d'amélioration matérielle et morale dans la société.

C'est parce que l'on ne vous a pas assez éclairés que vous assistez encore à tant d'horreurs et de misères. Et si tant de gens vous paraissant instruits, sont des monstres, soyez sûrs que cela ne tient pas à ce qu'ils savent mais à ce qu'ils ignorent. Ce sont des demi-savants dont l'éducation est incomplète ou manquée.

Vos curés, vos notaires, vos Messieurs, sont des hommes tout comme vous, sortis du village, mais frottés de 13 à 20, 25 ans d'une éducation assez imparfaite.

— Laissez-moi donner l'instruction à tous et je changerai le monde, disait, il y a déjà plus d'un siècle, le grand Leibnitz. —

Tenez, l'instruction apprendrait à chacun de vous ce que dit à tout instant dans son langage, la nature pour se faire bien cultiver, fertiliser, exploiter, en un mot tous les secrets du savant qui trouve les lois des choses et des êtres, les machines, les procédés, les engrais, les plantes utiles et l'utilisation de ce qui existe, et se rend ainsi le bienfaiteur de l'homme et de l'humanité.

Et cette instruction intégrale, l'on peut vous la donner dès demain.

Il n'y a pour cela de votre part, qu'à vouloir, qu'à forcer le gouvernement de ne pas empêcher qu'on vous éclaire. Et l'occasion est bonne aujourd'hui. Répondez donc carrément *non*, le jour du plébiscite, NON de cette constitution qui parle deux ou trois fois du peuple quand le mot maître et empereur s'y lit trois fois par ligne, NON à plus forte raison de celle de 1852 qui nous enleva une constitution où l'on songeait au moins à nous et à la liberté.

La LIBERTÉ! Elle règne déjà ailleurs et fait merveille dans la grande République américaine qui luit comme un soleil à côté de notre vieux monde accroupi dans l'ignorance, la superstition et la tyrannie.

Et la FRATERNITÉ! Le ciel goûté dès cette terre! L'homme fort et heureux des forces et des plaisirs de tout le monde! Jésus la prêchait et c'était toute sa religion. Mais nous ne l'avons jamais vue parce que ceux qui s'imposent comme ses apôtres ne l'ont que sur les lèvres.

Il vous semble que le TRAVAIL est une croix. Oh! je vous comprends bien ; — l'on vous emploie comme bêtes de somme ou machines, et il n'est pas étonnant alors que la tâche imposée vous semble un supplice.

Mais quand une fois, grâce à la liberté et à la lumière, l'homme pourra travailler comme le veut sa nature, il ne trouvera plus les journées assez longues et le difficile sera de lui faire prendre assez de repos, nous pouvons vous l'assurer par expérience.

L'ÉGALITÉ ! Je vous vois froncer le sourcil. Rassurez-vous. Allez ! c'est tout autre chose que ce que vos ennemis et les nôtres prétendent.

Egalité veut dire : pas deux poids et deux mesures dans la société, devant la justice ; pas deux sortes de gens dans l'estime, dans la politesse et devant le droit et le devoir ; les petits et les grands, les pauvres et les riches, les valets et les maîtres, mais tout le monde citoyen, les femmes aussi.

Le PROGRÈS, c'est la recherche, la mise en application continuelle du mieux, de la vérité, l'amélioration constante de l'état et des conditions particulières et sociales. En un mot, c'est faire en politique, en religion, ce que l'on fait en science, philosophie, industrie et médecine.

Et ici nous avons un exemple frappant de ce que produit l'immobilité.

— S'il fut un peuple privilégié à tous égards, c'est le peuple chinois, déjà grand garçon quand les autres se trouvaient encore dans les langes.

Et bien, parce que ce peuple eut la mauvaise idée un jour de renier le progrès, il n'a fait que décroître, pourrir, tomber en dépendance, devenir fort malheureux malgré des institutions, des dispositions, des moyens et des conditions admirables.

Et pourtant ce peuple très-actif, industrieux, intelligent, immense (200 millions d'habitants), occupant un pays admirable, très-civilisé, plus avancé en beaucoup de choses encore que l'Europe, jouit depuis trois mille ans de la plus parfaite organisation, concentration, administration qui ait encore existée, et où tout se trouve réglé avec la plus grande minutie et sagesse. Et son chef est maître comme *père du peuple*, et les places gouvernementales sont au concours et réservées aux savants. Enfin sa morale, sa sagesse, en tant que maximes et principes, n'est nullement au-dessous de la nôtre et se trouve même inspirée d'un sentiment remarquable de fraternité, de dignité et de raison.

Mais le Chinois s'est enfermé dans un respect exagéré de ses ancêtres, de son passé et de ses institutions, et il s'étouffe depuis, lentement, dans toute la force de l'âge et la plénitude de la vie.

Pourquoi donc fuyez-vous maintenant ?

Ah ! vous avez peur que le gendarme, le garde-champêtre, le domestique de Madame la baronne, l'instituteur, le chantre, le commis-voyer, le receveur ces contributions, le curé, l'un des riches d'ici, M. le maire, M. le préfet ne vous surprennent à causer avec moi, à prêter seulement l'oreille à mes paroles.

Pauvres gens ! dites donc à M. le préfet qu'il touche 50,000 francs à faire le seigneur et le maître, et que vous, vous payez et travaillez pour être encore tourmentés et menés en laisse ; ce qui ne semble pas le comble du bonheur même pour la France.

Dites donc à ce richard que si la conscription ne lui coûte à lui que 2 de ses 20,000 francs de revenu, elle vous enlève à vous, pendant cinq ans, pendant neuf ans votre enfant, votre soutien indispensable, pour l'exposer encore à tous les dangers de la guerre.

Dites donc à M. le maire et aux autres que s'ils sont satisfaits, vous ne l'êtes pas, et qu'à votre place, il y a mille à parier contre rien, ils le seraient encore moins ; et recevraient peu charitablement quiconque viendrait alors leur conseiller de voter que tout est pour le mieux dans le meilleur des mondes.

Dites donc au curé qu'il apprenne et surtout pratique l'Evangile ; dites au gendarme, au garde-champêtre qu'ils aient à vaquer aux occupations pour lesquelles ils sont rétribués par nous et à veiller à ce que l'on ne maraude et l'on ne filoute, leur surveillance se trouvant surtout de circonstance le jour d'un scrutin. Et, qu'en tout cas, essayer d'intimider en temps de plébiscite l'un des membres du grand souverain, c'est commettre plus qu'un délit de la part d'un fonctionnaire.

Puis, allez courageusement déposer votre bulletin dans l'urne, vous assurant et au besoin exigeant que tout se passe régulièrement et loyalement dans la salle du vote.

Et nous verrons bien si ces braves gens qui voulaient aujourd'hui vous en imposer au nom du mandat qu'ils tiennent somme toute de vous et que seuls vous rétribuez, ne seront pas forcés demain de rentrer dans leur simple rôle de citoyen aux gages du peuple.

Et mon Dieu ! je me demande ce que mille millions de oui pourraient bien servir à l'Empire qui a, avant tout, besoin d'argent ; le grand livre se trouvant chargé de 11 milliards, la nation surchargée d'impôts et la machine gouvernementale bourrée d'inutilités dévorantes, dont le zèle demande à être nourri, stimulé sans relâche ; — pas d'argent pas de Suisses, en effet.

Et s'il sortait plus de NON que de oui, ce qui dépend entièrement de vous, je crois bien que nous ne tarderions pas à arriver enfin à jouir du bonheur après lequel nous courons depuis tant d'années, malheureusement trop à l'étourdi, en aveugle ou en paresseux ; car enfin le gouvernement trouverait alors difficilement, quelle que soit son habileté, assez de monde pour faire efficacement croire qu'il a couvert la France — de gloire malgré le Mexique, l'écrasement du Danemarck, de la Pologne et de l'Allemagne ;

De prospérité malgré la misère qui étreint le peuple et les dettes qui accablent l'État et les villes ;

D'ordre et de tranquillité malgré les grèves qui se multiplient et éclatent de toutes parts ;

De grandeur quand ses hautes classes qui faisaient d'elle jadis la première nation, ont tournées à l'état de collections de jeunes et vieux crevés, et que les autres peuples autour de nous ont avancé ;

De liberté quand nos maîtres et leurs aides, leurs amis ont toute licence et nous pas même le droit de nous plaindre haut.

Ce qui a prospéré depuis 18 ans et grandement, ce sont les vices, l'abaissement des caractères, la putréfaction de la moralité, les chignons et les excentricités de nos femmes, le crétinisme et la polissonnerie de nos fils, le jeu de la Bourse, les impôts et les dettes, le cynisme et le despotisme des fonctionnaires, les fortunes et les appointements de nos grands hommes, le nombre des frères, jésuites, des soldats et des policiers, les priviléges des grandes compagnies et monopoles, le prix des logements et des vivres, la quantité des mécontents, les rues droites et longues, et heureusement aussi le besoin universel de lumière, de justice, de vérité, de liberté et de fraternité.

Puisse donc demain se lever enfin l'aurore du bonheur, le commencement du règne de la lumière, de la liberté, de l'égalité, de la fraternité et du travail.

JOLIVALT.

Saint-Etienne, imp. Montagny, rue Gérentet, 14, et rue de Lodi, 2.

www.ingramcontent.com/pod-product-compliance
Lightning Source LLC
Chambersburg PA
CBHW061459050726
47593CB00004B/1709